Libardo Ariel Blandón Londoño

ABROJOS
EN EL ALMA

LÁGRIMAS Y ESPINOS

LIBARDO ARIEL

BLANDÓN LONDOÑO

MEDELLÍN COLOMBIA
2017

Libardo Ariel Blandón Londoño

ABROJOS
EN EL ALMA

LÁGRIMAS Y ESPINOS

130 poemas regresivos

LIBARDO ARIEL

BLANDÓN LONDOÑO

MEDELLÍN COLOMBIA

2017

Abrojos en el alma
Autor: Libardo Ariel Blandón Londoño
Writing: 2017
Edition Copyright 2017: Libardo Ariel Blandón Londoño
Diseño de Portada: LA Blandón
Dirección General: Libardo Ariel Blandón Londoño
Editorial Ariello Editores
www.ariello.net

ISBN 978-958-48-2395-3

INTRODUCCIÓN

Creo que ha llegado el momento de hacerle un pequeño homenaje a la palabra, hacerle una venia a los recuerdos de los hechos que llegaron y se fueron cansados de vivir. Recuerdos que nos dejó un legado muy importante, el ansia de escribir, especialmente a escribir pequeñas piezas poéticas

Ahora hago entrega al público lector, de otra obra de poemas escrita en cuatro meses, tiempo verdaderamente, más que suficiente, como para que un desocupado como yo desarrolle y empaque 130 poemas -regresivos en su gran mayoría- en un libro.

Es apenas un pequeño y modesto aporte a la Cultura, a la literatura. A la poética en este caso. Con esta obra completo unos veinte libros en poder del público, con una temática como siempre variada.

El público encuentra, en él, temas de carácter romántico, temas donde se le hace honor a la tristeza, los hay también picantes, hacen gala de un vocabulario jocoso y cuentan temas que juegan con el humor, la función es arrancarle una sonrisa al lector.

La obra consta de tres partes según el tipo de poema, según sea su grado de elaboración y según su sentido místico.

Abrojos: Poemas variados, es la primera parte y consta de noventa poemas. Es una colección de poesías de carácter romántico, picante, le cantan al dolor, a la angustia, a la tristeza y a la muerte.

Las filigranas: son poemas que presentan algún grado de dificultad o de pulimiento en la arquitectura de la pieza poética, como en joyería son verdaderos joyeles de fina elaboración. Se presentan veinte poemas.

Y poesías místicas: se presentan otras veinte, son poemas de orden religioso o místico.

Pero bueno, no más cháchara y vayamos al grano, con esta obra hemos cumplido con depositar, en brazos de la Historia otra cuota de amor a la Cultura, Cultura que nos ha permitido poner en sus anaqueles un puñado de recuerdos que serán objeto de reposo en el corazón de la Historia.

Ariello Editor

ÍNDICE

PRIMERA PARTE

ABROJOS

CLÁSICOS

Libardo Ariel Blandón Londoño

1 Nacimiento
febrero 6 de 2017

¡Oh nacimiento esperado!
¡Tránsito de las almas pulcras!
¡Principio del principio y fin!
¡Llama de la tea fiel!
Gota de la etérea calma
que alienta la materia y luego
la convierte en verbo.

Le da vida a la sustancia inerte,
la eleva cual plegaria sacra
a estamentos altos en la gran escala
de infinitos mundos.

Es un premio que impoluto llega
a llenar vacíos en hogares cálidos,
estado puro de la gota sacra;
es el "yo" que al ocupar un soma
claramente se convierte en "Soy"

quien es origen de la humana estancia
en este puerto donde el faro es sol,
aurora fresca que al rayar el día
con el rocío humedeciendo rosas
entrega al mundo su radiante luz.

1 Nacimiento

Oh esperado nacimiento
conductos pulcros del alma
principio y fin del momento,
de la tea eres elemento
gota de la etérea calma.

A la materia das vida,
le das sustancia a lo inerte
plegaria sacra escondida
en mundos que a su partida
la acción en verbo convierte.

Es un premio que impoluto
llena vacíos al hoy
en el hogar donde en bruto
fluye en savia el absoluto
y el yo en un soma es un soy

Mas, la humana estancia crece
donde el sol es faro en puerto
fresca aurora que al día mece
entre rosas y parece
luz del mundo a cielo abierto.

2 El Cóndor
febrero 6 de 2017

Cruza el cóndor gallardo el ancho cielo,
en el aire se ve con donosura,
gloria cielo albergar dicha criatura
que hacia Dios elegante emprende el vuelo.

¡Gloria! ¡Gloria! se escucha desde el suelo,
es el mundo que entona con ternura,
del lejano tristón la partitura
que el ocaso escribiera en su desvelo.

Pero el cóndor ignora su grandeza,
inocente se mece en la corriente
donde oculta solemne su tristeza.

Allá abajo doquier un pueblo ingente
sólo ve de aquel cóndor su belleza
y su vuelo elegante indiferente.

3 Te lo juro
febrero 7 de 2017

Por el cielo impoluto te lo juro,
he de hallar en tus labios ese beso
que una tarde escapara al embeleso
de tu labio febril, sedoso y puro.

Es un beso halagüeño, lo aseguro
tembloroso temía a su deceso
al mirarse atrapado y es por eso
inocente se hallaba en un apuro.

Nunca, así una criatura habíase visto
en apuro tan cruel, mujer, lamento
no atraparla esta vez vuelvo e insisto,

un milagro ocurrió en aquel momento
dicho beso saltó, dijo estar listo
por la gloria de Dios que no les miento.

4 Sitibundo
febrero 7 de 2017

Es la brecha infinita de la vida
donde bien se sustenta la ternura,
al ardor de una lágrima vertida
una huella, al rodar, descolorida
da razón del dolor de la amargura.

De distintas dolencias la mixtura
es la causa de todos tus enojos,
de mis hondos arcanos la tristura
y las penas de amor que se me augura
son de rosas marchitas los despojos.

De tus labios bermejos, los antojos,
hacen gala de muchos embelesos,
y esa lágrima ausente ya en tus ojos,
el dulzor de tus frescos labios rojos
pesan más que el cacumen de tus sesos.

Ven por Dios y quebrántame los huesos,
con mi cuerpo termina en esta hora…
porque al fin sin tu amor y sin tus besos
sitibundo me encuentran los decesos
requintando de amor la cantimplora.

5 Contradicción
febrero 7 de 2017

Apostado en trinchera que no existe
irradiando una lumbre que no tiene,
es el gran guerrillero que conviene
a la luz de la sombra que persiste.

Es torear una vaca que no embiste
con torero invisible que no viene,
un fusil de juguete que mantiene
es el arma secreta que está triste.

Con un poco de tierra de capote
al vecino lo toma por el cuerno;
y con una pistola da garrote,

es un ángel custodio del averno
que a caballo no viene, viene a trote
a llevarse las penas al infierno.

6 El ave negra
febrero de 2017

Por la ruta del amplio firmamento,
vuela enhiesta, solemne, el ave negra
un hermoso ejemplar busca alimento
cruza el cielo nublado en un momento
en un grupo en el aire va y se integra.

Remolinos de viento al grupo alegra
y se mece en vaivenes circulares,
es el simple rehús que desintegra
la esperanza de ser más verdinegra
en el límpido azul de los soñares.

¡Vaya cielo infinito y sus pesares!
por querer albergar sombras aquellas,
sólo el viento le arrastra de los mares
la frescura y perfume de azahares
y acaricia sus plumas sin querellas.

Entre tanto en su nido están las huellas
del amor que profesa a su pareja
tres pichones, con ojos de centellas
que se sueñan volar a las estrellas
desconocen la forma de una queja.

En plumones de nieve al alma aqueja
el tenaz sacrifico del desaire,
una sombra ejemplar lanzar se deja
con las alas abiertas y más vieja,
por carroña voraz va con donaire.

Prontamente se ve a través del aire
una negra silueta que regresa,
relación con su amante es un affaire
el humano lo observa con desgaire
mientras mira su sombra con vileza.

El no hallar en aquellos la riqueza,
es de humanos no ver en su momento
ni un asomo de amor ni de grandeza
al tomar de la gran Naturaleza
su ración de un manjar sanguinolento.

7 Al cementerio
febrero 9 de 2017

En busca de un espíritu agobiado
entraba un gran pastor al cementerio,
brindarle un lenitivo a su pecado
pensando en los errores del pasado
será para salvarlo un buen criterio.

Lanzando una mirada con misterio
al fondo de aquel viejo camposanto,
sus ojos acarician con imperio
lo que él denominó como improperio:
¡la tumba de un suicida! ¡es un espanto!

Salió de aquella tumba bajo un manto
de sombras borrascosas, al instante,
un gélido suspiro, que entre tanto
el grito del pastor cambiaba en llanto,
lo puso en situación de delirante.

Y un vaho mortecino y penetrante
salió de la macabra sepultura,
ungió con su ventisca escalofriante
el cuerpo del pastor que desafiante
limpiaba así su negra vestidura.

¡Quién eres tú diabólica criatura
que vienes desafiante a mi presencia!
yo soy ese suicida que fulgura
en cielos iracundos, la criatura
que acabas de insultar con tu insolencia.

¡Ve! y dile a tus ovejas: la Clemencia
no es ir a importunar la huesa impía
que alberga de un suicida su yacencia,
y un hombre se acercó, con su sapiencia
mediaba entre la angustia y la falsía

Un rayo iluminó de fantasía
el cielo que se abrió en aquel momento,
y vio no ser pastor aquella harpía,
el alma regresó a su tumba fría
y el hombre que llegó lo llevó el viento.

8 Donde pones tu mirada
febrero 11 de 2017

Resplandece solemne el infinito,
cuando elevas tus ojos hacia el cielo
se revive por ti el erial marchito,
se renueva el amor en este suelo.

Se eliminan mis horas de desvelo
cuando guardas mis ojos mientras duermo,
cuando enjugas mi llanto tras el velo
que guarece mi lecho oscuro y yermo.

Y mi cruento dolor allí lo mermo
entregado al suplicio del destino,
en mi lecho me encuentro ardido, enfermo
soportando las piedras del camino.

No suspires, no más, porque ya vino
la esperada consorte de lo inerte,
cumplir quiere su oficio clandestino:
la furtiva visita de la muerte.

9 Igual carisma
febrero 11 de 20017

Con el sólo insuflar y hacer botellas
no me basta mujer, es un sofisma,
el mirar otra vez con otro prisma
me hace ver otras cosas y más bellas.

Da lo mismo la luz de las estrellas
que la luz de una lámpara, es la misma,
todas lucen también igual carisma,
ambas suelen saltar como centellas.

Nada más necesitan, solo asombra
una oscura extensión, las lobregueces
que contrastan doquier con luz y sombra,

mientras más se contrasten los reveses
en un fondo de negra espesa alfombra
más resaltan allí las brillanteces.

10 La hora fatal
febrero 12 de 2017

Con el peso del tiempo vago ahora
por la senda perdido, sigiloso,
voy buscando en mi afán calma y reposo
mientras mi alma el ambiente externo explora.

Ha llegado, por fin, la fatal hora
en que caiga mi cuerpo a oscuro foso,
en que pueda enfrentarme valeroso
al macabro festín que me devora.

Una fiebre tenaz se me agiganta
un helado sudor que me humedece
me resbala voraz por la garganta.

Un suspiro exhalé, ¡Uy me estremece!
siento el alma flotar y no se espanta,
ya se acerca la aurora y no amanece.

11 En la vejez
febrero 14 de 2017

Me estoy acostumbrando a los decesos
en esta senectud apasionante,
la muerte no me asusta, ni sus besos
que lucen de mi frente entre mis huesos
tan fríos como en páramo el levante.

Es una situación escalofriante
cuando una invitación se nos asesta,
muy tiernos los festejos cuando infante,
de un mundo enloquecido y vacilante,
programas de soltero, todo es fiesta.

Derroche de aventuras se nos presta
derrame en los excesos e imprudencia,
el tiempo que transcurre manifiesta:
la fiesta de los niños me molesta,
la fiesta del anciano es de inocencia.

Persiste en todo caso la conciencia,
de niño era jolgorio bombas de Helio,
después, de adolescente, ¡Qué paciencia
ahora, en la vejez, es de demencia,
aquí la invitación es a un sepelio

12 Desierto en el alma
febrero 15 de 2017

Un desierto en el alma se genera
cuando no hay humedad en su morada,
surge luego entre llantos la manera
de esconder entre sombras la quimera
y perder la esperanza tan soñada.

La tormenta se acerca en la alborada
y una lluvia de arena se avecina
sin apenas brillar la madrugada,
pobres almas, silencian su llegada
las arenas de un mar que las calcina.

El cristal turbulento difumina
toda huella sedienta de agua fresca,
desde el hondo confín de la retina
una lágrima brilla, se ilumina
por lo tanto, el sendero se refresca.

Tenga el alma un desierto que parezca
un erial, un oasis, miles cosas,
que al pasar la tormenta no perezca,
y después que la lágrima humedezca
lo convierta en jardín de mariposas.

13 Engarzando mis sueños
febrero 15 e3 2017

Dios bendiga el azul que hay en tus ojos,
ese tinte escarlata de tu labio,
el dulzor de tus besos, tus sonrojos,
y el temblor exquisito de un resabio.

Engarzando recuerdos como un sabio
una negra camándula dio al traste,
no aparece enlazado ni un agravio
ni la huella macabra que dejaste.

Un pedazo de azul tú lo tajaste
impactando de anhelos nuestra aurora,
pero el solo recuerdo lo olvidaste,
ni en el pecho se clava o se atesora.

Pero al ver un olvido que de otrora
fustigaba sin fin la vida mía,
engarzando mis años sin demora
me la paso en la noche y en el día.

14 Sin pluma ni aguja
Febrero17 de 2017

Con la púa aguzada de una rosa
que sedienta se hinca en la memoria
deja al mundo que beba de su historia
engarzando recuerdos en su prosa.

Y sin pluma ni aguja se desglosa
en el alma impecable, sin escoria
la dantesca virtud que da la gloria
mientras hinca en la yema silenciosa.

Una gota saltó de sangre pura
de tu dedo de nieve a flor aquella
inundando en color su vestidura,

flor de nácar teñida de centella
en mi cielo se mece con altura
y en el tuyo se ve cómo destella.

15 Para comer
febrero 18 de 2017

A traer la ración para la grey
con un arma en la mano me fui al monte,
muy en claro tenía el horizonte…
muy clarita la norma ante la ley.

En un claro echado estaba un buey,
amenaza embestir a quien lo afronte,
de inmediato silbé como un sinsonte
que en el campo de trinos es el rey

El enorme animal no tiene dueño…
es echarse y morir su eterno sueño,
anda solo en el bosque sin pacer,

vi la angustia en el buey, su vida aciaga
y yo entonces feliz tomé la daga
y en su cuello la hundí para comer.

16 El ángel moreno
febrero 19 de 201

Una sombra se cierne en mi aposento,
yo percibo que me hace compañía,
es un ángel moreno que me guía
y me llena de amor y sentimiento.

Y se oculta en el closet al momento,
permanece escondido si es de día,
en las horas nocturnas y a por fía
sale errante, se oculta en su lamento.

De mi guarda es el ángel, ¡Luz divina!
esa sombra en mi cuarto difumina
y por tanto el color de ébano puro.

El Creador lo dejó por bien servido
porque allá en sus momentos, un olvido
fue la causa de aquel color oscuro.

17 Un buen augurio
febrero 21 de 2017

Allá va, majestad, un buen augurio
que os deseo de todo corazón,
vuestra planta, perfume del anturio,
por doquier los incita al vil murmurio,
es la envidia que sale a colación.

Las plebeyas se abstienen al encuentro
con la reina, la diosa del amor,
os envidian pues sois el epicentro,
vuestros dedos de rosa son el centro,
vuestros labios, del alma su candor.

Con la magia de un verso os expreso
lo que traigo en el alma para vos
una rima, una copla un tierno beso
un manojo de versos, es por eso
que os auguro de dichas ante Dios.

De ñapa os doy un sonajero
para hacer vuestro canto en oración
y hacia Dios entregar con mucho esmero
ese llanto que os luce lastimero
y cambiarlo esta vez por ovación.

18 El cara dura
febrero 23 de 2017

Acostado lo pasa el tiempo todo
con su ropa metida entre un cajón,
sin almohada, no logra su acomodo,
con su mente perdida en un recodo
y su cuerpo tirado en un rincón,

No recuerda su nombre por desgracia,
no conoce su suerte ni quién es,
está ausente, perdido en su galaxia,
sollozando, aferrado a una falacia,
imposible apoyarse con sus pies.

Está loco un vecino le asegura
quien lo mira con asco y con desdén,
no modula palara el cara dura,
permanece en silencio y sin censura,
come poco, no más lo que le den.

Una noche tenaz, de puro invierno
no cesaba de fiebre tiritar,
añorando la aurora en ese infierno,
no amanece, el tiempo se hace eterno
hace rato dejó de respirar.

19 Con el sol de la tarde
febrero 23 de 2017

Esa pena que al alma vuelve amarga
yo no quiero su nido en ti se meza,
el dolor de la angustia así se cueza
con el fuego en el pecho se descarga.

Así se haga la noche menos larga,
aunque pasen más bits por mi cabeza,
es mi mundo una sombra de tristeza
nadie sabe la pena que me embarga.

Lo comentan por ahí de quien solloza
por el mero dolor que me acobarda
si me hinca la espina de una rosa.

Con el sol de la tarde que se arda
bien henchida de amor la amante diosa
al abrir al ocaso la mansarda.

20 Relámpago y trueno

febrero 25 de 2017

Un relámpago triste en el ocaso
en el acto rompió las lobregueces,
¡Ruge trueno! entre sombras resplandeces.
de la noche que emerge paso a paso.

Y te ocultas de nuevo en su regazo
hasta el día siguiente allí amaneces,
¡Oh relámpago triste! cuántas veces
te sorprende la aurora por acaso.

Ruge el eco del tueno en el espacio
cada cuerpo celeste es bien reacio
a absorber el rugido y lo refleja,

el relámpago sube hasta la cumbre,
y se va dando tumbos con su lumbre
a atrapar el rugido que se aleja.

21 Un sublime ding dong
febrero 25 de 2017

Por la gracia infinita de una dama
está el fiel corazón de amor herido,
sólo aviva esperanza alguna llama.

Allí pronto aquel último latido
que se oyó taciturno y solitario
esperaba, sediento, hallar olvido.

En su estado latente bien precario,
que se muere colgante y desespera
no se escucha doblar el campanario.

Un sublime ding dong oír se espera
de ese fiel corazón que aquí reposa,
su vetusta morada postrimera.

Si morir por amor es la gran cosa
me permitan colgar como campana
en lugar, esta vez, flamante rosa.

De escarmiento que sirva hora temprana,
no te quite la paz del dulce sueño
si el amor te golpea a la ventana

22 Sin vida
febrero 25 de 2017

La campana que dobla allá en la cumbre
a un humilde reencuentro nos invita,
a rezar la oración allá en la ermita,
a hallar luz en la propia incertidumbre.

Que la luz de la gracia nos alumbre
el camino de abrojos que me agita,
nos señale la luz que resucita,
y la cruz que nos dé la certidumbre.

La campana que estaba allá en lo alto
de la torre vetusta y derruida
ya no invita ni al rezo, lo resalto,

en el atrio se encuentra, enmudecida,
una tropa que vino, en un asalto,
de un disparo acalló, quedó sin vida.

23 Por la cuesta
febrero 27 de 2017

Yo voy por la cuesta sembrada de abrojos
y ciñe mi frente corona de espinas,
me quema silente la luz de tus ojos,
completa mi senda, doquier, de despojos
y deja, en mi vida, que angustien las ruinas.

Las lágrimas saltan como aguas marinas
que mustias resbalan, salobres, candentes,
si vienen del llanto que sean purpurinas,
si vierten de tu alma que sean cristalinas,
enjúgalas, luego, que emergen silentes.

Espinas se clavan en almas dolientes,
se hincan gloriosas buscando su arcano,
que sangre la espina sus penas ardientes
y en gotas resbalen quemantes simientes
que broten del germen, que broten, no en vano.

Ya no hay en la cuesta de abrojos sembrada
ni espinas, ni tunos, ni gotas de llanto
no tunan, no hincan, la angustia ya es nada
la gota de sangre es la gota sagrada
que allá en el canino es final, por lo tanto.

24 Por culpa tuya
febrero 27 de 2017

He pecado, esta vez por culpa tuya,
no me mueve el infierno ni el convento,
he pecado esta vez, no lo lamento
si es pecado sentir que tu alma arrulla.

El pecado se purga, alguien masculla,
cuando yo veras me arrepiento,
pero en este pecado que presento
lo cometo otra vez sin hacer bulla.

Y otra vez pecaré si es necesario
por tu culpa o sin ella, pero lo hago
ante Dios y los hombres y el sagrario,

por ti peco, aunque duela, bien lo pago,
si pecar por amor es mi calvario
este fuego de amor con él lo apago.

25 Si es la muerte, lo siento
febrero 28 de 2017

Siento helado, a mi espalda, fuerte viento
como si alguien soplara aquí en mi cuello,
debe ser, de la muerte, su resuello
que ha venido a engañarme con su cuento.

Si es la muerte, caramba, pues lo siento,
yo no quiero que opaque mi destello,
tener vida y salud, eso es muy bello,
no la quiero tan pronto en mi aposento

Miré a atrás y, en efecto era la muerte
y me habló con un gesto amenazante,
ven amigo que debo poseerte…

me sentí desdoblado en un instante,
yo la vi poseer mi cuerpo inerte
en un acto macabro, escalofriante.

26 Flor y carne
marzo 1 de 2017

La flor que está marchita no perfuma
lo expresa, al preguntarle, a un picaflor,
no hay nada más sencillo que resuma
en una sola frase que se esfuma:
la miel desaparece y su frescor.

La flor que no perfuma está marchita
se piensa con frecuente estupidez,
no alberga entre su seno ni una cuita,
quizás alguna larva allí la habita
en una solitaria lobreguez.

La carne ya marchita es un abismo
con una condición de algo peor,
la carne descompuesta es un porquismo,
la flor que se marchita, no es lo mismo,
no pierde su apariencia, siempre es flor.

27 Tu labio
marzo 2 de 2017

La flor, como la carne, se adormece
al roce acariciante de tu labio,
el agua y el aceite, aquí parece,
la ley que los separa desvanece
y rompen la barrera, el beso es sabio.

Tu labio milagroso es un acaso
que apenas me doy cuenta lo hago alarde,
que vibra con la calma de un ocaso
y suele convertirse en rojo abraso
en horas taciturnas de la tarde.

y sufre con la angustia de una pena,
suaviza con su tez dolor acerbo,
matiza, toda vez, enhorabuena
el fuerte manantial de agua serena
que surte de silencios a mi verbo.

28 Agua fresca
marzo 10 de 2017

Tengo un cántaro lleno de agua fresca
que celoso guardé para la sed,
aunque muy escondido le parezca
ese sorbo que el alma me refresca
yo lo dejo, esta vez a su merced.

Fui corriendo a la alberca sigiloso
con el cántaro puesto entre una red
agua pura le puse de aquel pozo
que en su lecho silente y tembloroso
se conserva tan fresca para usted.

Ahora puede llenar su cantimplora
con el agua del fresco manantial,
tome el sorbo que calma desde otrora
esa sed infinita y quemadora
al ponerlo en su labio virginal.

29 Tus ojos meros
marzo 11 de 2017

Dos relámpagos son tus ojos meros
que hasta opacan el sol con su destello,
dos pequeños retoños de luceros,
dos centellas henchidas de tequieros…
definirlos, por Dios es un camello.

Entornarlos al son de tu resuello
proporciona compás y movimiento,
armonizan muy bien con tu cabello
que de nácar, la seda de tu cuello
acaricia al rozarse por el viento.

Incrustados en hondo firmamento
centellean a un ritmo palpitante,
pestañearon dos pétalos muy lento,
silenciaron del trueno su lamento
y brillaron solemnes al instante.

Una sombra en la tarde vacilante
fue metiendo su cuerpo hecho de espuma
y el ocaso que hierve sofocante
se convierte en un fuego lacerante
terminando fundido entre la bruma.

30 Crisálidas en flor
marzo 12 de 2017

Entre flores merodean silenciosas
un montón de mariposas, todas, bellas,
un manojo de crisálidas preciosas
aletean por doquier, se ven hermosas
ensayándose volar con todas ellas.

Y retozan entre flores y juncales
engalanan el jardín con sus colores,
cuando danzan en el aire son rituales,
cuando vuelan a la sombra, madrigales
resplandecen con la luz de sus amores.

Incansables se entre mecen en el viento
van hilándose, al tejer versos hermosos,
como hadas sumergidas en un cuento
lo que escriben con dulcísimo contento,
convertido es en poemas prodigiosos.

Engalanan, con su vuelo salpicante,
entre flores, entre juncos y entre espinos
van bordando con su verso palpitante
el poema más sentido y más brillante:
"las crisálidas en flor de los caminos".

31 Un manojo de crisálidas preciosas
marzo 12 de 2017

Un montón de mariposas, todas, bellas,
entre flores merodean silenciosas,
engalanan, con su vuelo salpicante,
y retozan entre flores y juncales
incansables se entre mecen en el viento.

Van hilando, al tejer versos hermosos,
el poema más sentido y más brillante:
"un manojo de crisálidas preciosas"
como hadas sumergidas en un cuento
engalanan el jardín con sus colores

Cuando danzan en el aire, sus rituales
entre flores, entre juncos y entre espinos
aletean por doquier, se ven hermosas
resplandecen con la flor de sus amores.
ensayándose volar con todas ellas,

Las crisálidas en flor de los caminos.
lo que escriben con dulcísimo contento
convertido es en poemas prodigiosos,
van bordando con un verso palpitante
cuando vuelan a la sombra, madrigales.

32 Quemante beso
marzo 12 de 2017

Ardientes son tus labios rojos
que tientan sólo con mirarlos,
producen ganas de besarlos,
responden vívidos a enojos.

Contienen líricos abrojos
que suaves tunan al tocarlos,
sedosos queman sin rozarlos
de besos se abren en manojos.

Un beso ardiente es en efecto
quemante y peco por exceso
el cáliz bebo, aciago, abyecto,

con ese labio me embeleso.
ahí se peca por defecto
pecado es no al quemante beso.

33 El sello de tus propios embelesos
marzo 12 de 2017

Cuando miras con tus ojos a mis ojos
y recuerdas mis recuerdos olvidados
yo no olvido los olvidos recordados
ni me enojo con tus tímidos enojos.

Enardecen, con ardor tus labios rojos
enmudecen, permanecen silenciados,
incitantes, y se tornan incitados,
son quemantes esas brasas son de abrojos.

Los primeros tan brillantes, dos luceros,
iluminan cuando miran, que ojos esos,
son los otros tan sedosos, hechiceros.

En resabios convirtiendo con sus besos
las caricias despertadas por un Eros
son el sello de tus propios embelesos.

34 La estrella negra
marzo 17 de 2017

De dónde vienes luminosa huella
que cruzas, fiera mi profundo cielo,
por qué te escondes tras el blanco velo
de espesa nube, silenciosa estrella.

De qué galaxia solitaria y bella
emprendes sola tu incansable vuelo,
por qué gravitas con profundo celo
y luego apagas tu vitral centella.

Allí una gran constelación arriba
buscando a ciegas, en su pesadumbre,
el astro errante que fugaz esquiva,

tendría el fuego que su senda alumbre.
la estrella negra del confín, furtiva
si a allí pudiera regresar la lumbre.

35 Huella fatal
marzo 18 de 2017

Con el llanto fluyendo por mi rostro
y mis ojos cansados de llorar,
en la angustia infinita yo me enrostro,
ante el cielo doliente en que me postro
yo reviento en sollozos sin cesar.

Esta pena letal que ahora me embriaga
ha dejado, -y es causa de mi mal-,
percibirse la huella que una daga
me causó, a la sazón, doliente llaga
que sangró sin reparo hasta el final.

Esa huella fatal allá en la herida
hace un halo quemante sin igual,
se mantiene, se enquista, allí se anida
y al descuido menor que dé la vida
acarrea con todo, es bien letal.

Pero así sin medida, sollozante
una lágrima quiso reparar
el dolor de la angustia sofocante
a pesar de su huella penetrante
ante el cielo se supo restañar.

36 Herida mortal
marzo 26 de 2017

De la herida mortal que me supura,
en mi pecho quedó profunda llaga,
esa llaga fatal mi muerte augura,
con el ánfora llena de amargura
es difícil la cuota que se paga.

Esta angustia infinita que me embriaga.
me reseca de plano la garganta,
esa sed calcinante no se apaga
y me torna la vida triste, aciaga
hasta el propio final que ya me espanta.

Luego un gran vendaval ahí se levanta
cuando el cuerpo de pronto se marchita,
ruge el alma, resiste, ya no aguanta
y en un acto sublime se adelanta
donde todo el que gime se limita.

Ya no aguanta el pesar mi alma proscrita,
el dolor de la muerte la acobarda,
mientras a un lenitivo se le incita,
en el acto sublime ella se agita
¡Dónde se halla mi ángel de la guarda!

37 Con brincos de gacela
marzo 30 de 2017

Esta dama con brincos de gacela
que aparece al crepúsculo, al final,
me condena a pasar la noche en vela,
mientras ella a la noche oscura vuela
de la tarde, a la luz se muestra igual.

Vampiresa será, es difunta viva,
y en la tumba responde a su ritual,
a la luz de la tarde se hace esquiva
como sierpe babea, no saliva
sólo muerde y se esconde en su fangal.

Con la lengua goteando su babaza,
ese negro veneno que es mortal,
disimula en un poco de melaza
lo que oculta en la enorme calabaza
una toma, un menjurje que es letal.

Inocula sus dosis de veneno
cuando suele a mansalva hacer el mal
y en un acto inconsciente malo o bueno,
clava bien su ponzoña desde el cieno
donde esconde su cuerpo del rival.

38 Mi camándula
marzo 31 de 2017

Quise hacer mi camándula de perlas,
en el fondo del mar las adquirí,
las tomé, con afán fui a recogerlas
quise, empero, al mar ir y devolverlas
y dejarlas que luzcan desde allí.

Mi camándula quiero de brillantes
con mil piedras preciosas sin pulir,
intenté con rubíes destellantes,
y después quise hacerla con diamantes
pero en vano, son duros de partir.

Otro tipo, en el ancho firmamento,
de minúsculos granos del confín,
perforarlos después hice el intento
pero es duro también este elemento
fue imposible romper la piedra al fin.

Mi camándula quiero de brillantes
con mil piedras, así sin repetir
saltan lágrimas mil, centelleantes
engarcé una con otra y en instantes
mi camándula armaba y sin pulir.

39 Suplicio
abril 1 de 2017

Me encontré bien perdido en lontananza
cuando quise buscar en mi conciencia,
me perdí nuevamente en la inconciencia
y me hallé cara a cara a la esperanza.

Me sentí con un poco de confianza
que llenó mi esperanza de abstinencia
y suplió de profunda consistencia
lo que siempre faltó, la gran templanza.

Y me hallé, como otrora, bien perdido
cuando quise encontrar un artificio
que me ayude a encarar lo percibido,

y al final ocurrió, lo que al inicio,
una nube cubrió mi propio olvido
a la luz de mi sombra, ¡Que suplicio!

40 La flor del abrojo
abril 1 de 2017

Cuando apenas comenzaba la tarea
a lo largo de mi vida silenciosa
se cruzaba la gran muerte como diosa
en mi lóbrego camino que verdea.

Ilumina a la distancia como tea
y perfuma como planta decorosa
esta senda lacerante y pedregosa
donde suele menester la luz febea.

Pero abrojos se recrean a la vera
del camino que entre sombras enmudece
y a lo largo del silencio desespera,

esa flor que da el abrojo me parece
buen tributo a aquella humana calavera
que en el fondo de la tumba resplandece.

41 Aquel ¡Te quiero!
abril 2 de 2017

Un poema al amor mi amor reclama,
solicita con suma deferencia,
es un tema de amor la diferencia,
en un juego de versos se derrama.

En un fuego de amor crece la llama
que flamea quemante en su existencia,
se me cumpla este sueño por clemencia.
¡Un poema de amor para la dama!

Y llegó de la nada luz difusa,
no faltó entre mi sombra con esmero
el destello radiante de la musa,

impregnó, con la pluma, del tintero
-a la luz de una vieja caperuza-
sobre el folio impoluto aquel ¡te quiero!

42 En otra cofradía
abril 5 de 2017

Cuando el alma se aparta de su soma
va buscando su norte allá en el cielo
y segura hacia Dios emprende el vuelo,
se repite la historia, es un axioma.

Lanza lenguas de fuego una paloma,
una nube la cubre con su velo,
ha escapado hacia un mundo paralelo
y ha dejado su ser sumido en coma.

Ha querido volver inútilmente
a su cuerpo, materia inerte, fría,
es el templo del alma y de la mente.

Todo es vano, su norte ya no es guía,
su regreso imposible, la simiente,
la simiente está en otra cofradía.

43 Garantía
abril 5 de 2017

Con tu labio pecar yo quise un día,
con tu boca rezar en forma tanta,
si es pecado mortal, no importa cuánta
penitencia absoluta es garantía.

Encamino mi cuerpo a la alegría,
al placer, aunque peque a mí me encanta
que mi espíritu al rezo se levanta
con los brazos abiertos y a porfía.

Si un pecado amarrado se desata
yo lo pongo en seguida en penitencia
da placer si al placer se desacata,

así quede en el cuerpo la dolencia,
si se peca y se reza bien se empata
y se queda tranquila la conciencia.

44 El clavel y la rosa
abril 7 de 2017

Al cruzar el vergel que da a tu huerto
una flor para ti corté en el acto,
escogí su color, su tono exacto
al que brilla en tu boca, fue un acierto.

Un clavel elegí, ya estaba abierto
en su seno le hallé fragante extracto,
una rosa sufrió profundo impacto
pues de celos cayó su cáliz muerto.

Una gota saltó a la grama ilesa
o es rocío, o en llanto se deshace
de dolor o de ira o de tristeza,

vi la rosa morir en este impase
su fragancia derrama con tibieza
en el mismo jardín en donde yace.

45 Mi sombra
abril 7 de 2017

A mi sombra pedí que me dejara
que se aparte ¡por Dios! de mi camino,
que no influya ya más en mi destino,
que por siempre de mí se separara.

Si me marcho, mi ser te desampara,
quién podrá reflejar tu talle fino,
si abandono tu senda, peregrino,
quién, entonces por ti pone la cara.

Y pensándolo bien, aceptar quise,
el no echar, esta vez, la sombra al traste
y disculpas le ofrezco, ella me dice:

soy tu esclava señor tú me creaste,
desde el suelo esta sombra te bendice
porque sola esta vez no me dejaste.

46 Se rumora

abril 8 de 20017

Con las luces del alba te despierto,
con la luz de la aurora te recibo,
de la aurora invernal estoy cubierto,
en el aura tu imagen yo percibo.

Buenos días al sol, doy efusivo,
cuando asoma en la tarde donde aflora,
pues el aura no existe donde vivo,
sólo sombras emergen en mi aurora.

En la luz tú despiertas, se rumora,
con la lumbre que irradian tus ojazos,
amaneces radiante ¡Tú señora!
y yo estoy, del crepúsculo en sus brazos.

Con tu alba radiosa y mis acasos
se iluminan las sombras negras mías,
en mañanas se tornan los ocasos
donde están mis auroras turbias, frías.

47 El pozo negro
abril 8 de 2017

La siniestra quietud de un negro pozo
en su paz de serpiente que dormita,
que embelesa y al mismo fondo incita
se vislumbra la calma de un gran foso

En su fondo el abismo es fantasioso
donde ronda la muerte, allí se agita,
hipnotiza, su calma es infinita,
la siniestra quietud del gran reposo.

Y nos llama con ansia tentadora
a lanzarnos al agua fresca y pura
como en una actitud arrolladora,

de las aguas profundas la Natura
nos proteja en silencio y desde ahora
pues su vientre sería mi sepultura.

48 Una rosa encarnada
abril 9 de 2017

Una flor engarzada en la solapa
es la sólida y mágica bandera,
enarbola en silencio una quimera
y delata, tal vez a quien se escapa.

Adornando va el traje, con su capa
hace gala de amante a su manera
y en un acto, una nota lisonjera,
muestra al pecho la flor que se destapa.

Observóse un corazón en vez rosa
al mostrar de su pecho la presea
que su capa adornó como gran cosa,

donde bien se enarbola y se desea
entre llamas de amor muy bien reposa
una flor encarnada que flamea.

49 La soledad que me acompaña
abril 9 de 2017

El solemne silencio ahora me embarga
de esta gran soledad que me acompaña,
al espíritu inhibe y lo aletarga
y así abanto le da la gota amarga
con el basto sabor de la champaña.

Incrementa en mi alma la cizaña
que hacia el odio me induce incompasiva,
no comprende que si la vista engaña
queda el alma dormida, ciega, huraña,
abatida, doliente, fría, esquiva.

A elevarse va enhiesta, airosa, altiva,
por la comba celeste que la espera,
ocultando una lágrima furtiva
queda el alma doliente, pensativa,
angustiada y silente salta afuera

Porque el alma que sufre, desespera
quiere alzarse hasta Dios buscando abrigo,
pero al verse tan sola en otra esfera
se regresa a mí cuerpo que la espera
para juntos, los dos, hallar mitigo.

50 Demencia
abril 10 de 2017

Me hallaron mis recuerdos en brazos del olvido,
me vieron cabizbajo con ansias de llorar,
la sombra del pasado, oculta lo vivido,
está en blanco la mente que añora el contenido,
la tumba del pasado lo acaba de albergar.

Sin cirios ni ataúdes ni tétricos velorios,
sin lágrimas postreras ni quejas por doquier,
quedaron enterradas mis dichas y jolgorios,
también mis amarguras y sueños ilusorios
que abundan en el mundo, nos hacen padecer.

Se quema la mielina, se apaga la memoria,
el seso no envejece se puede concluir,
la muerte ya no asoma, aquí todo es historia,
se pone la conciencia en cámara mortuoria
el cuerpo es saludable, no quiere ya morir.

Despierto en pleno sueño, no escucho mi silencio,
olvido mi presente, no alumbra mi esplendor,
sumido en un letargo mi ausencia yo presencio,
mi olvido es una pena que apenas la conciencio
concluyo: un muerto vivo dormido con vigor.

51 La harpía y el Gual
abril 10 de 2017

Con la carne podrida hecha piltrafa
una gran mortecina tierna y fría,
ya deshecha, del hueso fácil zafa
cuando jala la garra de la harpía.

Un pedazo de aquella porquería
en un mar de gusanos se revienta,
a un rapaz, que de godo se moría,
una lánguida tripa le aspavienta.

Y comienza jalando, se solventa
con aquel maloliente desperdicio
que después arrancarlo vuelve e intenta
hasta haberlo con sumo sacrificio.

Otro Gual, de esos negros, callejero
que devoran carroña putrefacta,
con su negra intención de carroñero
le calcula robar su presa intacta.

Por detrás con asedio va, lo impacta
y se lanza con furia repentina,
de un experto en el vuelo bien se jacta,
se remonta con todo y mortecina.

Al instinto de harpía femenina
le acobarda la tripa, o su pedazo,
y al recate se lanza y asesina
a aquel lumpen ladrón, de un gran zarpazo.

Moribundo en el suelo el gallinazo
vomitaba después la presa aquella,
no pensó que de tripa un buen retazo
es motivo, en las hembras, de querella.

52 Mis dominios
abril 11 de 2017

Extendí mi dominio al infinito
en la vasta extensión del firmamento,
era todo un desierto, enorme mito.

Un brasero su seno, a fuego lento,
porque el vientre celeste es un misterio
me propuse volver en otro intento.

Estrelluelas vulgares sin criterio
y promiscuos luceros vagabundos
hacen fila hacia un viejo cementerio.

Qué sorpresa me dio ver esos mundos
acabados, perdidos y proscritos
en el seno de cielos tan profundos.

Mas, fijé la atención en otros hitos
y me hundí del desierto en la espesura
donde hallé mil dominios expeditos,

El desierto invadí fue una aventura
por querer dominar sobre la muerte
no encontré en el lugar ni una criatura.

Entendí que el dominio es una suerte
que se gana o se pierde fácilmente
y que, en polvo, en la tumba se convierte.

53 Con la mira en la mira
abril 13 de 20017

Con la mira en la mira de la mira
resollando el resuello que resuella,
delirando el delirio que delira.
vas hollando la huella de una huella.

Descollante se ve, cómo descuella
con la luz cuya lumbre se vislumbra
en la estela de estrella que se estrella
en la cumbre que a cumbre nos encumbra.

Deslumbrante deslumbra, si deslumbra
en el cielo celeste del celaje,
donde umbría es umbra, en la penumbra
cuando viaje el viajero el feliz viaje.

Cuando un tajo tajante un tajo taje
y pretenda al pretexto de un pretexto
ultrajar el ultraje de un ultraje
es contexto en contexto en su contexto.

54 Camino del presidio
abril 13 de 20017

Por el arduo camino del presidio
atraviesa un presunto delincuente
encararse con él es un suicidio.

En su mano asesina nada siente,
ya ni el peso del arma discrimina,
insensible tornose, indiferente.

Por el largo sendero alguien camina
atraviesa la senda enardecido
por el odio, la angustia y por la ruina.

Por beber su veneno está aterido,
se resuelve saltar al otro mundo
con el alma partida y desvalido.

Es un paria, errante y vagabundo,
encamina su paso hacia el averno
un refugio buscando, sitibundo.

Una vez en el propio fuego eterno
encontró, con Satán un buen aliado
para hacerse un lugar en el infierno.

Aquel preso subyace abandonado
en su celda mugriento y asqueroso
a encararlo se atreve un ser alado,

de la guarda aquel ángel su reposo
ha de darle por siempre enhorabuena,
por la muerte le cambia el calabozo.

En el cuerpo de aquel ya no hay cadena
que a este mundo lo ate el presidiario
porque apenas termina su faena…

Un suspiro se oyó en el vecindario,
una sombra muy densa, su alma en pena,
al infierno encauzó su itinerario.

55 El alma de la montaña
abril 14 de 2017

Hermano caminante, no hay camino
de minas quiebra-patas está lleno
devuélvete y regresa a tu destino.

No arriesgues tu pellejo ante el Heleno
que arrasa con su fuego la simiente,
no deja por su paso nada bueno.

Detente, no hay camino concluyente,
de balas el mercado está repleto,
de pólvora cargado yace el puente.

La gran vegetación teme su reto,
la fauna ante su dieta se estremece
y el fiel campesino huye en secreto.

La paz de antier y ayer se desvanece,
la calma se halla herida allá en su entraña
donde ha de anochecer y no amanece.

Envuelto en una sombra, negra, extraña
el pobre caminante ser parece
el alma de la gélida montaña.

56 La copa aquella
abril 15 de 2017

Sediento, ayer, de un sorbo de tu vino
tu copa libar quise cristalina,
robar hube, en tu boca purpurina
la huella de tu labio dulce y fino.

Y en ese su momento tan divino
un ósculo es la esencia que fascina,
del borde de aquel vaso que calcina
el sueño se ha cumplido en mi destino.

Hoy suple, de tus besos, el recuerdo
pues llevo en mí tu labio como huella
por eso es que jamás su rastro pierdo

hoy bebo con afán la copa aquella,
en un mar de cenizas yo la muerdo…
del mismo vino apuro la botella.

57 Bajo el sol
abril 15 de 2017

Por las dunas resecas del desierto
va la gran caravana de la muerte
bajo el sol y luchando con su suerte
sobre mares de arena y sin acierto.

En los frescos vergeles hay un huerto
donde asisten los vivos, es el fuerte
que les sirve de norte a quien acierte
con la gran caravana a un nuevo puerto.

Con la gran cofradía al viaje integro
mis haberes, mis cuitas, mi criterio,
mi esperanza, mi ser, mi cielo negro.

Donde se halle mi ser, sin improperio
a la tumba de arena me reintegro
en la gran caravana del misterio.

58 El soneto de la muerte
abril15 de 2017

Llevo a cuestas la muerte por doquiera
con la muerte me acuesto y me levanto
con su horrenda figura no me espanto
por la muerte yo doy la vida entera.

Por la muerte me entiendo con cualquiera
si le alegro la vida con mi llanto
o le amargo la muerte con mi canto
la mantengo a la zaga así no quiera.

La mantengo a hurtadillas en mi cuarto
su acomodo en mi lecho es aventura,
por mis ojos penetra, ya estoy harto,

un fantasma en la mente se figura
que nos suele poner como de infarto
y nos lleva a la misma sepultura.

59 Soneto de la entrega
abril 16 de 2017

Soy ajeno, Señor, yo no soy mío,
en el mundo habrá quién me solicite,
es el dueño aquel ser que necesite
mi presencia, mi ausencia, mi albedrío.

Yo me doy ante el mundo, yo confío
en la buena intención de quien me invite
a suplir, con mi amor lo que le evite
malestar, miedo, angustia y desvarío.

Yo me entrego, no espero recompensa,
de intereses mi alma está vacía
mi cariño con nada se compensa,

yo me doy rebosante de alegría
no hallarán de mi ser ninguna ofensa
que oscurezca tu vida que es la mía.

60 Soneto del pecador
abril 16 de 2017

He pecado, esta vez, yo me arrepiento
de ofenderte Señor con mi pecado,
por la ofensa, perdón, me han señalado
ya he purgado ante el mundo en sufrimiento.

El asedio del otro lo lamento,
me condena con odio despiadado
y en un gesto, tal vez, desesperado
mi pecado es motivo de tormento.

Un silencio se escucha en el recinto,
una lágrima aflora a la pupila
y el dolor que remuerde yace extinto,

un frescor en mi alma se perfila,
una paz infinita por instinto
deja mi alma en reposo y muy tranquila.

61 Soneto de la Paz
abril 16 de 2017

Si la paz está cerca es un reflejo,
si está lejos, tal vez, es un ensueño
no se cumple con ella aquí su sueño
pues si existe, la paz es un complejo.

Simplemente la paz, después de viejo
es del pueblo la moda, él es su dueño,
por lograr dicha paz todo su empeño
de la nada ha surgido, estoy perplejo.

Y después de escuchar la algarabía
suena el término paz que está de moda
en la aurora, en la tarde, al mediodía,

en la mente del pueblo se acomoda
pues, no es más que una cándida utopía,
donde el juego es la guerra y ¡va con toda!

62 Soneto de la ausencia
abril 16 de 2017

Retirado de todos yago enfermo
en mi cuarto tirado, solitario,
me molesta la luz, yo sufro a diario
en mi lecho febril, oscuro y yermo.

Pasan noches enteras que no duermo,
paso el tiempo mirando el relicario
donde guardo tu foto, y el rosario
que de lágrimas hice abanto, muermo.

Si no vuelves ¡por Dios! yo no respiro,
no hallo paz ni sosiego en este mundo
donde siempre te escondes si te miro.

Si no vienes mujer, en mí me hundo
ha de verse volar en un suspiro
lo que aún queda de este amor profundo.

63 El par de atardeceres
abril 22 de 2017

El par de atardeceres de tus ojos
muy tristes resplandecen al poniente,
ocasos que fenecen entre abrojos
cuando hay una pasión de amor ardiente.

Y en esa situación, así, doliente
se deja percibir allá en la tarde
un lánguido gemido que elocuente
no deja, ante su pena, se acobarde.

Allá tras la montaña, cuando guarde
su rubia cabellera un sol lejano
se hará de su paisaje siempre alarde
en una pincelada de verano.

Es hora de dormir, ya dice Urano,
la comba azul del cielo se ennegrece,
tu párpado se cierra, de aquel llano
con sombras se satura y enmudece.

64 Masa de fuego
abril 23 de 2017

Una masa de fuego al cielo integra
su color, sus cabellos, su opulencia,
su calor, su elegancia, su presencia,
difumina al nacer su sombra negra.

Con su brillo cegante, todo alegra
mientras brota del vientre la candencia
que da al día el fragor y la apariencia,
pues la sombra a la luz se desintegra.

De su seno la noche salta al día
por la boca radiante de la aurora
toda henchida de dicha, de alegría,

cuando vuelve el ocaso luz implora,
en un brote de gran melancolía
a su vientre de estrellas lo incorpora.

65 No lo dudes
abril 21 de 2017

Han robado la luz de tu destello,
de tu labio el sabor que nos provoca,
el sonido, sin par, de tu resuello,
el enjambre de mieles de tu boca.

En un gesto de amor, ahora te toca
denunciar al ladrón de tus virtudes,
no te sientas, por ello, cosa poca
es de sabios hollar las actitudes.

A ayudarte estoy presto, no lo dudes
rescatarlos propongo, es lo que quiero,
siempre hallamos doquier vicisitudes
en cualquier recoveco del sendero.

A tu lumbre responde un buen lucero,
a tu boca la miel, a tu respiro
la caricia sublime de un "te quiero"
a tus labios el roce de un suspiro.

66 Gota de llanto
mayo 5 de 2017

Una gota de llanto, esa es la Patria…
un suspiro de amor es su futuro
hoy un trozo de cielo nos repatria.

A un manojo de rosas me aventuro
ofrecerlas a Dios en los altares
por tu pueblo querido, lo aseguro.

Una pluma me suple en estos lares
la ansiedad que se cierne por doquiera
en el hondo confín de mis pesares.

De tu pueblo, la nota milagrera
el escudo mantiene como emblema
en tres tintas se imprime tu bandera

Que los vientos del mal no sean el tema
si de sangre una gota aquí se vierte
a la luz de su sombra es un poema.

67 Como caído del cielo
mayo 6 de 2017

Luceros dos son tus ojos
de rosa color la cara,
tus labios son tiernos, rojos,
ingenuos son tus sonrojos
como si en ellos pecara.

Dichoso yo te asaltara
pidiendo ansioso tu beso,
seguro si te probara
entera yo te robara
precisamente, por eso.

Gloriosa luz, embeleso,
brillantes son los primeros
cuando miran exprofeso,
si entonas mujer, el rezo
vibrantes se hacen, ligeros.

No obstante, de mis tequieros,
de aquellos labios el roce
y el brillo de sus luceros
podrían ser los postreros
si no permiten el goce.

Elíxir son, que me endiose
los besos si estás en celo,
mañana cuando repose,
tu labio en mí al fin se pose
como caído del cielo.

68 La flor de tus labios
mayo 8 de 2017

Con el velo en mis ojos en sombras,
con el brillo en los tuyos cual soles
se iluminan en dos arreboles
y se llenan de amor si me nombras.

Con tu sed por mis besos me asombras
pues se cuecen en sendos crisoles,
ya no existen en mi alma controles
mi camino de lumbre lo alfombras.

Es la flor de tus labios la rosa
que fragante perfuma mi beso
y sedienta en mi labio retoza,

sigue a tientas mi amor exprofeso
a su luz, cual sutil mariposa,
por la sombra en mis ojos, por eso.

69 ¿Qué es amor?
mayo 9 de 2017

Qué es amor, corazón pegunté un día
con los ojos en llanto, conmovido,
ese tal corazón en su latido
respondió a mi dolor con ironía.

Con los labios en brasas todavía
un suspiro exhaló desvanecido,
apuntando a la espera de un gemido
aquel labio, en tizón se convertía.

No fue si no medir su sombra larga
la que deja el amor allá en su estancia,
y te llena de ardor y te aletarga,

una tuna que hinca con constancia
que nos hace verter la gota amarga…
una gota de llanto en la distancia.

70 El cardador
mayo 13 de 2017

Pastor a la oveja guarda
le guarda la lana vieja,
la lana cuando se carda
les abre nueva mansarda
a ambos pastor y oveja.

La toma por una oreja
la lanza sobre la grama
no se oye ninguna queja
la oveja cardar se deja
le place sobre la mama.

De dicha ella se derrama
si al suelo bien se derriba,
cardar su lana es programa,
quien carda le arma la cama
la pone patas arriba.

Feliz la ovejita salta
sin lana libre se siente
presiente que algo le falta
quizás un algo resalta
le extraña un frío en su vientre.

71 Con pie derecho
mayo 15 de 2017

Con la bota lustrada y bien arrecho
cual valiente delfín y buen soldado,
pegué fuerte al entrar con pie derecho
en las hondas estancias de tu pecho,
conseguí lo que nadie había logrado.

De caricias y besos un puñado
arrojaste a mi cuerpo en tu camastro,
como dulce maná que manda el hado
de tu cuerpo glorioso y delicado
se vertió como luz que irradia un astro.

Se desdobla tu cuerpo de alabastro
en un acto solemne de ternura,
desvanécese el traje, ahora me arrastro
como sierpe voraz buscando el rastro
que en tus tenues contornos se depura.

Sobre el cuerpo tendido en la espesura
de las sombras que emergen en el cuarto
una gota de llanto es la figura,
la congoja infinita, la tristura,
lo que al hombre de botas causa infarto.

¡Oh impotencia viril me tienes harto!
ser feliz imposible en mi desgano,
pisar fuerte a la entrada no descarto
pero entiende, me sigues desde el parto
y eso raya, al final, con el humano.

72 La yema y la flor
mayo 20 de 2017

En el húmedo colchón de la litera
una rosa moribunda enferma yace
en materia descompuesta degenera.

En sus pétalos la muerte bien renace
cabalgando sobre potro desvalido
mientras triste entre detritus se deshace.

Un pequeño meristemo florecido
aparece a aquel rosal enhorabuena
es el hijo que le aflora de su nido.

Cae la flor de aquella rama, se cercena
del pecíolo, desciende a la hojarasca
que la absorbe con su llanto y con su pena,

es la rosa aquella madre que se atasca
en el húmedo colchón del basto suelo
por dejar que cada yema libre nazca.

con la esencia de la flor que es el consuelo
se le debe compensar mientras perdura
para verla florecer con gran anhelo.

Si la rosa se desprende con altura
por dejar sus meristemos que florezcan
es de madres conservar a su criatura.

73 Por amarte.
mayo 21 de 2017

Por amarte persigo una quimera,
en su tímido gozo me embeleso,
a fulgir yo la pongo a mi manera,
con la dulce esperanza del regreso.

Sombras negras se ciernen en exceso
en el ámbito opaco de mi pieza,
las tinieblas la absorben y por eso
está ausente, por tanto, la tibieza.

En el aire circula la tristeza,
el agobio, la angustia, el desconcierto,
por amarte le quito la aspereza
reanimo, le doy agua al desierto.

Al final, por quererte, en algo acierto,
con un beso destruyo aquel sombrío,
le doy vida al erial que luce muerto
y me yergo ante el mundo en desafío.

74 La figura de amante
mayo 25 de 2017

La figura de amante está en tu alcoba
y me llama a hurtadillas noche y día,
con su cuota de ardor al alma arroba,
con mi queja de amor se desafía.

Porque al cabo, así es la suerte impía
a torrentes mi llanto se derrama,
por fortuna radiante de alegría
la figura de vida está en mi cama.

Y aparece en mi pecho fuerte llama
que el pecado en mi entraña bien calcina,
solo en polvo verás cómo te aclama
mientras vuelve en pavesa tenue y fina.

En ceniza se torna, el cuerpo inclina
la vetusta cerviz sobre la alfombra,
una gran inflexión que no termina
es el acto final que nos asombra.

Al trasluz la espesura de su sombra
hoy se yergue enhiesta y desolada,
al final del camino si me nombra
ha de ser desde mi última morada.

75 El ángel malicioso
mayo 25 de 2017

Si el ángel de la guarda se confiesa
de todas sus ausencias en el día,
seguro en este estado no estaría
llorando de amargura y de tristeza.

Tendría más radiante su cabeza
el pecho más henchido de alegría,
gozara más aún la vida mía
y fuera más feliz en su proeza.

Si el ángel de a poquito se me cansa
mi sombra es el lugar donde se alista,
en ella se acomoda, en ella avanza,

el ángel, en la noche es un artista
va al tálamo nupcial y allí descansa
y espera que mi esposa se desvista.

76 Con mis alas
mayo 26 de 2017

Con mis alas libre vuelas
con las tuyas vuelas mal,
entre nubes tú te cuelas
como largas sanguijuelas
o como algo angelical.

De mi piel con tu ventosa
te pretendes agarrar
con mis alas orgullosa
o con ambas ventajosa
te pretendes escapar.

Usa el medio que tú quieras
mis entrañas ahí están,
son tu plato, el que más quieras
pero nunca son quimeras
son tus sueños, son tu pan.

Ponte pues mis propias alas,
son tan tuyas, vuela bien
no te expongas, si resbalas
que tú no eres tan de malas,
aletea que hay con quién.

77 Veneno sombrío
marzo 19 de 2017

El alacrán de su ira me sorprende
en recoveco cualquier de mi camino,
en su ponzoña letal yo discrimino
ese veneno sombrío que me ofende.

Con la tal huida que inicia, no comprende,
no logrará entenderlo, es su destino,
aquel final, cuando cruce su camino
será empañado con llanto que le ofrende.

A lo voraz de su senda de serpiente,
que la conduce serena y desolada,
no se le ajusta al menor bien pertinente

ocultamiento prefiere reposada
mientras la sombra la cubre tenuemente
en aquel último rincón de su morada.

78 Esa luz que yo busco
mayo 27 de 2017

Voy siguiendo una luz verde esperanza
por la comba celeste en el verano,
como flecha candente que se lanza
atraviesa aquel orbe y se abalanza
al abismo profundo de mi arcano.

Voy siguiendo su vuelo soberano,
atraparla en silencio es lo que anhelo,
imposible será para un humano
si pretende alcanzarla con la mano,
y dejarla escapar causa desvelo.

Allá va, como un rayo cruza el cielo
y se clava en el hondo firmamento,
ya retumba en los astros el revuelo
de las ondas del trueno tras el velo
que de sombras oscuras llena el viento.

Una nube aparece en el evento
como sombra fatal de mis pasiones,
ha cerrado la huella de un lamento,
me coloca los pies sobre el cemento
y en su vuelo me enseña otras acciones.

Ya esa luz alcanzarla, no hay razones,
para qué si su brillo lo evidencio
cabalgando en su lumbre de fotones,
configura su nube de electrones
y atraviesa el umbral de su silencio.

Esa luz que yo busco, referencio,
no está fuera de mí, ni alumbra el orbe,
esa lumbre es la luz que reverencio,
me ilumina por dentro y que conciencio,
difumina mis nubes, las absorbe.

79 El canto
mayo 27 de 2017

Con un canto, no más, de tu pañuelo
pude, al fin enjugar mi propio llanto,
con el llanto, no más, como señuelo
pude, al cabo, entonar mi propio canto.

Pero el canto reclama con espanto
ese tal resultado sin diatriba
si la idea se ajusta sin quebranto,
y se expresa la idea que se escriba.

De allí "Canto" se mece en letra viva
y hoy encaja perfecto en un buen verso,
"canto alegre" allí mi canto estriba
en un acto solemne al Universo.

Pero "Canto" leído, en modo adverso,
si no visto de un prisma diferente
el pedazo de tela que está inmerso
es un canto distinto al escribiente.

Otro término está en el inconsciente,
que compite también con nuestro "Canto"
el adobe de filo, comúnmente
vertical se coloca, por lo tanto.

80 El poder del amor
mayo 27 de 2017

Un poema te escribo en noches estas…
un regalo, tal vez desesperado,
una carta hecha en versos que detestas,
un mensaje de amor desengañado.

Un manojo de nardos, un puñado
de tímidos abrojos, son tu encanto,
de cenizas de amor un buen legado,
de recuerdos ingratos otro tanto.

Un poema de amor te causa espanto
no asimila tu mente tanto verbo,
pero, en cambio el silencio es mudo canto,
si es más fácil cantar, me lo reservo.

Con el llanto en los ojos yo conservo
esa paz interior que en mí Dios hizo,
de sus justas acciones el acervo,
del poder del amor su paraíso.

81 El Cristo nuevo
mayo 28 de 2017

Por la cuesta de mi alma marcha un hombre,
lleva a cuestas su inmensa incertidumbre,
no es Jesús, ni es un paria de renombre,
es un justo de ayer, y que se asombre,
un fantasma que hoy es dulcedumbre.

Es el cristo de hoy, está en la cumbre
donde yacen los dioses verdaderos,
es el faro radiante que da lumbre
al oscuro de amor, cuya costumbre
es trazar a la gloria los senderos.

Llevo un Gólgota dentro de mis fueros
donde debe colgarse el Cristo nuevo,
a la cruz de su angustia en puros cueros
condenado él está con sus aperos
como bestia salvaje sin relevo.

Es el Cristo que, entonces, dentro llevo
y que debe cumplir la profecía,
soy su cuesta, su templo que renuevo
desde otrora y que hoy justo yo lo pruebo,
soy la cruz de aquel Ser, su compañía.

82 Soy el ángel guardián
mayo 28 de 2017

Soy el ángel guardián de tus ensueños
el que cuida tus sueños impolutos,
el que vuela tras esos atributos
que lujuria despiertan en mis sueños.

Soy la gran intención de tus empeños
esa gran conclusión, tus absolutos,
el futuro que sueñas, tus minutos,
soy tu tiempo, tus grandes desempeños.

Soy tu afán, tu fantástica memoria
tus recuerdos, tus hondos pensamientos
que atraviesan el prisma de tu historia,

soy tu objeto mejor, tus sentimientos,
el pedazo de vida que a la gloria
felizmente alzará en estos momentos.

83 La sierpe voraz
mayo 28 de 2017

De la sierpe voraz su vaho siento,
en la fría hojarasca se desplaza,
ya su mera presencia es amenaza,
amenaza tan sólo con su aliento.

Con su gélido vaho ya presiento
el ataque a mansalva cuando caza,
su veneno es mortal, su contra escasa
su colmillo es tenaz al mordimiento.

Una sola mordida es suficiente
para hacer un cadáver de una presa
en cuestión de segundos con su diente

y en un acto solemne de grandeza
a dormir se acomoda la serpiente
mientras hace la siesta con pereza.

84 Durmiendo con la muerte
mayo 28 de 2017

con mi cuerpo compartes, mujer tu propia cama
con la muerte compartes también tu propio lecho
el resuello que insuflas y sale de tu pecho
es el mismo que en mi alma lo justo te reclama.

O es la muerte quien suele dormir en tu piyama
o la vida la misma que tiene ya deshecho
el pichón que se lanza del nido insatisfecho
o ese nido que cuelga perenne de la rama.

En peligro me encuentro si estoy al lado tuyo
con la muerte o sin ella, los dos somos despojos,
por el eco atraído tu voz es sólo arrullo.

No despiertes la muerte, si duerme sin enojos,
no le temas tampoco, su silbo es un murmullo
si despierta se encuentra arráncale los ojos.

85 Este Templo que es templo
mayo 31 de 2017

Muchas ganas de amor y poca entrega
es lo poco que aprecio en tus pupilas,
la mirada no miente, si espabilas
la malicia te vende, no se niega.

En el mundo banal en que trasiega
tu mirífica entraña y que adormilas,
en mis noches más hondas y tranquilas
que me arranquen los ojos si hay refriega.

Tus encantos de diosa palpitantes
que conservas ocultos y vibrantes
no han de ser mi presea lujuriosa,

que se atrevan a entrar a este aposento,
ya verán el fatal desdoblamiento
de este templo, que es templo y no otra cosa.

86 Mil y un atardeceres
mayo 31 de 2017

En un hueco caí por desventura,
en la gran oquedad de tus desvelos,
una tumba encontré entre tus anhelos
y allí mismo enterré hasta mi cordura.

Todo es signo de lucha, de aventura,
de momentos de angustias y de celos,
de venganzas, dolores y recelos
y de esfuerzos carentes de ternura.

Una tumba encontré allá en tus haberes
donde habrán de temblar tus labios rojos
al final de mil y un atardeceres,

voy ansioso a morirme entre tus ojos
y en tu pecho a enterrar voy mis placeres
y un enorme ataúd con mis despojos.

87 El sentido de la entrega
mayo 31 de 2017

Unas ganas profundas de venganza
unas ansias de amar inmarcesibles,
unas penas con curas imposibles
imposibles lograr a esta añoranza.

Un pedazo de cielo en lontananza
mil ocasos quemantes y terribles,
mil y un sueños odiosos y temibles
y temibles también en su esperanza.

Con las ganas profundas que yo tengo
con el ansia de amar que a mi alma anega
no soporta mi mente si me vengo

con venganza o sin ella allí se juega
con aquella ansiedad que yo mantengo
el perfecto sentido de la entrega.

88 Emboscada
mayo 31 de 2017

De la torre, sonora campanada
que se mece y se excita con el viento,
algo anuncia: terror y sufrimiento,
de un puñado de paisas, ¡emboscada!

Ni las leyes del cielo aquí hacen nada,
una venia no basta en tal evento,
de un encuentro, una bala, hay un lamento,
de la Patria la Ley es vulnerada.

Ni una vela a la virgen hace falta
para dar por fallido aquel ataque
que en la paz de los paisas bien resalta,

un montón de familias está en jaque,
un puñado de ratas nos asalta,
conclusión bien manida el pueblo saque.

89 Con las alas
junio 1 de 2017

Con las alas de un ángel vuelo quedo
por los cielos profundos, por el mar,
con las alas prestadas yo no puedo
elevarme muy alto, me da miedo
que una falla me ponga a peligrar

Con las alas de un ave voladora
yo quisiera tus páginas volar,
una pluma me sirva por ahora
como el arma secreta que se añora
en un caso de buen versificar.

Con las alas del alma no me atrevo
hacia el cielo mi vuelo levantar,
porque el alma si sola yo la elevo
se me queda en un limbo y sin relevo
a la vida me vuelva a retornar.

90 Por pura estupidez
junio 1 de 2017

Las bestias no se cansan del gélido poblado
dejar como legado de minas quiebra patas
de amar a aquellas ratas de extrema alcantarilla
que roban la semilla del pobre feligrés

Se cansan las potrancas, las nuevas señoritas
de ser las favoritas del mundo de la noche
que ayer en su derroche dispuestas a venderse
prefieren esconderse en suma lobreguez.

Se esconden en sus cuartos, oscuras madrigueras
de ratas y rameras que huelen a carroña,
nos clavan la ponzoña a mansalva les parece
que aquí cuando anochece se olvida la vejez.

Anuncia allá en la torre doliente la campana
que en tierra no lejana empieza en plena sierra
aquel grito de guerra que en un segundo acaba
con todo y menoscaba por siempre la honradez.

Enfermo, resignado, lloroso y macilento
me baño en un momento en llanto silencioso
y acudo presuroso hincado de rodillas
mojadas mis mejillas por pura estupidez.

SEGUNDA PARTE

FILIGRANAS

Libardo Ariel Blandón Londoño

91 Lienzo burdo
enero 9 de 2017

Lienzo burdo y blanco con base de vinilo bien contrasta, necesito ahora fina tela, material apropiado para paisajes lindos con pinceladas mágicas bien logradas. Son pintadas las furtivas presencias de las hadas. Comienza pintando el cuadro dicho el artista el con absoluta calma, siempre escoge obras soñadas, bien define los rizos a pinceladas grandes, sea como pinta las brasas quemantes en chimeneas, adornan esas sombras, ilumina fuertemente cálidas escena con vivas llamas; llamas flameantes abrasan aquel aire calcinante.
Realiza bello acto el artista, el doquiera por encargo espera justa paga.

92 Incienso puro
enero 9 de 2017

Incienso puro alba ceniza
sublime esencia de las hadas
comienzo, al fin con toda prisa
redime tú almas agobiadas.

exime los rezos, tonadas
brasa quemante en incensario
redime las fragantes llamaradas
abrasa aquel aire del sagrario.

enlaza rezo en acto funerario
doquiera que hay solemne rito
casa también santo rosario
quimera do vive el infinito.

Espera se bien humo en toda misa
brillante luz que paz le deja
esfera celeste es la cornisa.
gigante, muy gigante se refleja

93 El zumo de la caña
febrero 11 de 2017

Al corazón de la caña   palpitante
lo muele un trapiche viejo;   en la molienda,
se queda uno perplejo   aquí en la tienda
pensando que es cosa extraña en el levante.

Hay que tratarlo con maña   es importante,
solo exprimiendo lo dejo   y que se encienda
el horno, hierva, el conejo   que se extienda
con el jugo de su entraña   rebosante.

El dulce sabor se cuela   en la receta
como un manjar expedito   de miel pura,
en el menú de la abuela   se completa.

A hallarle el punto lo invito con dulzura
pa' convertir en panela   y no se objeta
el zumo más exquisito   sin mixtura.

94 Dí sonora campana febrero 27 de2017

En la torre hay alerta	¡dí, sonora campana!
nos anuncia el cortejo	quién llegó a la capilla,
el cadáver de un viejo	yace en una camilla
en la plaza desierta	en la aurora temprana
Pero el pueblo despierta	a la gente aldeana
se levanta perplejo	la organiza en pandilla
el asunto es complejo	y con una peinilla
se percibe reyerta	en la fría mañana
esa muerte que acecha	no perdona la gresca
en aquellos momentos	con la fe gigantesca
se presenta maltrecha	va y celebra el asunto
la campana a los vientos	arrojó aquel anuncio
va a su tumba deshecha	a enterrar el denuncio,
a enterrar sus lamentos	enterrando el difunto.

Es un soneto alejandrino. El bloque izquierdo constituye un poema, el segundo bloque (derecha) es otro poema y uniendo los dos bloques, forman otro poema (alejandrino). El espacio central es la cesura. Se puede leer de abajo hacia arriba y pruebe otras más.

95 Las sombras de tus ojos
abril 20 de 2017

Párpados cuyas redes Dios bendijo
ávido de tu luz, mirarse en ellos.
sombras en que me sumen tus destellos,
ojos en cuyas sombras me cobijo,

Labios do halló la fuente el regocijo,
cáliz de rosa lúcidos y bellos,
cántaro de frescura y de resuellos
suaves donde el perfume es bien prolijo.

Ánfora donde guardas agua fresca,
pura de tus efluvios virginales,
fuente de todo amor que se merezca,

cántico de Querube, manantiales
límpidos de aguas claras donde pesca
Dios con sus propias redes, madrigales.

96 Esperanzas y amargura
abril 20 de 2017

Cargado de esperanzas y amargura
bendigo el gran dolor que mi alma embarga,
maldigo la impiedad que me aletarga,
que en gélidas congojas me tortura.

Llorando mi dolor y mi tristura
las lágrimas emergen a la larga,
así, entre los dos es menos carga
que tiene que aguantar una criatura.

Un hálito de vida aún me anima
cargado con la cruz que me sustenta
y al palco del horror mi cuerpo arrima,

ese hálito, por Dios se me presenta
como algo milagroso donde intima
lo horrendo del dolor y la tormenta.

97 Con el peso del madero
abril 20 de 2017

Con el peso, en el hombro, del madero,
y el abraso del sol sobre mi espalda
voy pagando la cuenta que se salda
ante Dios y los hombres por entero.

Aquí en este momento postrimero
ante el mundo la deuda me respalda
hoy por ti, por tus ojos de esmeralda,
por mí luego, aunque cunda el desespero.

Como Cristo verter la gota amarga
es la cuota del justo peregrino
que doliente su pena enorme embarga,

En la frente una herida sangra el vino
que desdobla, que embriaga, que aletarga
y al andante le ayuda en su camino.

98 En los ocasos de tus ojos
abril 20 de 2017

En los ocasos lindos de tus ojos
donde fulguran cuásares y ensueños
se apagan, todos trémulos, mis sueños
se encienden todos, lánguidos enojos.

Se esparcen flores, tímidos abrojos
que en la hojarasca siempre son los dueños
del lacerante roce, aunque pequeños
en tus pestañas negras son despojos.

Pero cavilan flor, abrojo, tuna
cuando levanta enhiesta la pestaña
espabilando, encanto desde cuna

donde fulgura límpida y extraña,
con suave lumbre pálida, la Luna
una tristeza, igual nos acompaña.

99 Décima Espinela
abril 23 de 2017

Una décima espinela
escribir es un gran reto,
conservando su esqueleto
se comienza con cautela,
a inspirarse el alma vuela
al edén donde las musas
como diosas son profusas
en la luz del pensamiento,
al ponerle sentimiento
nunca quedan inconclusas.

nunca quedan inconclusas.
al ponerle sentimiento
en la luz del pensamiento,
como diosas son profusas
al edén donde las musas
a inspirarse el alma vuela
se comienza con cautela,
conservando su esqueleto
escribir es un gran reto,
una décima espinela.

100 Por amarte
abril 24 de 2017

Entre sombras puedo hallarte
arcangélica criatura,
mi retina en su negrura
incapaz es de plasmarte,
el pecado por mirarte
deja en mí profunda huella,
un relámpago destella
en milagros se perfila,
le da luz a mi pupila
de tu cielo linda estrella.

De tu cielo linda estrella
le da luz a mi pupila
en milagros se perfila,
un relámpago destella
deja en mí profunda huella,
el pecado por mirarte
incapaz es de plasmarte,
mi retina en su negrura
arcangélica criatura,
entre sombras puedo hallarte

101 Las ganas Acróstico:
abril25 de 2017

Las ganas son pena acerba
Acerbo será, por tanto,
Sintiéndose así el quebranto
De un alma que nos enerva,
Entonces todo exacerba;
Calmar la angustia de plano
Importa mucho al humano,
Mucha gana nos sofoca
Así entonces nos provoca
Salir bien, aún con la mano.

Salir bien, aún con la mano.
Así entonces nos provoca
Mucha gana nos sofoca
Importa mucho al humano,
Calmar la angustia de plano
Entonces todo exacerba;
De un alma que nos enerva,
Sintiéndose así el quebranto
Acerbo será, por tanto,
Las ganas son pena acerba

102 Espinela es este canto
(Multidireccional)
abril 27 de 2017

Espinela es este canto
verso fino da finura
cierzo fresco da mesura
vuela, entonces, vuela tanto,
hela aquí volando cuánto;
loca musa nos asiste
equivocase si insiste
hacer verso sin medida
leer es causa perdida
evoca el recuerdo triste.

Evoca el recuerdo triste.
leer es causa perdida
hacer verso sin medida
equivocase si insiste
loca musa nos asiste
hela aquí volando cuánto;
vuela, entonces, vuela tanto,
cierzo fresco da mesura
verso fino da finura
espinela es este canto.

103 Vientos soplan
(Multidireccional)
abril 27 de 2017

Vientos soplan que frescura
sientes tu mientras bien vuelas
gentes llegan aquí helas
cientos miran tal altura,
cuentos son que alguien augura
vuelo aquel que dicen luego
suelo yo lanzarme ciego
cabalgando blanca nube
trasegando bien estuve
cielo azul y sol de fuego.

Cielo azul y sol de fuego
trasegando bien estuve
cabalgando blanca nube
suelo yo lanzarme ciego
vuelo aquel que dicen luego
cuentos son que alguien augura
cientos miran tal altura,
gentes llegan aquí helas
sientes tu mientras bien vuelas
vientos soplan que frescura

104 Sombra de quimeras
abril 27 de 2017

Provocaras si existieras
hada mía con tu encanto,
de ternura eres un canto,
sombra eres de quimeras,
lo entendí de mil maneras,
tu existencia en este suelo
mi amor cubre con un velo
lo aseguro con certeza
vas sin pies y sin cabeza
el amor no es sólo anhelo.

El amor no es sólo anhelo.
vas sin pies y sin cabeza
lo aseguro con certeza
mi amor cubre con un velo
tu existencia en este suelo
lo entendí de mil maneras,
sombra eres de quimeras,
de ternura eres un canto,
hada mía con tu encanto,
provocaras si existieras.

105 Mi silencio
abril 27 de2017

Una lágrima silente
acaricia mi silencio,
rueda tenue lo presencio,
en el acto está presente,
nada más, más elocuente
que la huella de mi llanto,
donde hubo fuego tanto
el recuerdo crece y crece,
a la postre languidece
lo demás es puro cuento.

Ya no queda ni un lamento…
aún del alma salga esquivo,
un abrazo es lenitivo
contra el cruel remordimiento,
mas, si acrece su tormento
no es posible se le ayude
pues si a Dios no se le acude
en un acto de clemencia
soportar esta existencia
será un reto no lo dude.

106 Pordiosero (musa de arte menor)
mayo 3 de 2017

Por andar de puerto en puerto
me hice dueño de los mares,
vivo henchido de pesares
y me acosa el cielo abierto.

Son frecuentes los azares
turbulentos, peligrosos...
pero hay entes milagrosos
en los mismos avatares.

Los destinos perniciosos
aparecen, e ipso facto,
zozobramos con buen tacto
por los mares borrascosos,
navegamos sigilosos
a la sombra de un lucero
pues bogar es un crucero
en los brazos de Afrodita,
hoy navego en una ermita
soy de amor un pordiosero.

107 **La pintora** (musa regresiva)
mayo 4 de 2017

Provoca en ti gran desvelo,
desvelo que mal provoca,
prohíbesele a tu boca
besar a tu ángel del cielo.

No es una actitud de loca
si al ángel bien lo rastreo
desnudo yo lo poseo
plasmado en lienzo de roca.

Pintar un ángel te veo
con fino pincel de marta,
colores muchos la carta,
paleta en mano un recreo;
al ángel de tu deseo
lo quieres hoy tú pintar
muy pronto lo has de alcanzar,
pues, él por ser tu modelo
seguro ya se halla en celo,
contigo quiere pecar.

108 Sorsonete Acróstico regresivo

ABCab CDEcd Fgf Gfg

Ajusto este mi verso en forma ilusa
Buscando en una estrofa su acomodo,
Con mucha precisión, así me rete
acudo ante la musa
bordeándola en un todo.

Comienzo a armar, su forma compromete,
Dispongo de palabras un rebaño,
Empiezo a encadenar la obra cumbre,
con todo, el sorsonete
dispuesto está a su amaño.

Fraguándose en la sombra incertidumbre
gigante es la palabra,
feliz la mente alumbre,

Garganta no me falta, ¡abra cadabra!
fue un gusto, que deslumbre
gracioso y puertas abra.

109 Yago llagante
mayo 24 de 2017

Con la llaga llegué y yago llagante
allegando llagoso lo que llegue,
cuando allega a la llaga lo allegante
una huella resuella descollante,
será huella que huelle y llanto allegue.

Con la brega bregué y ahora brego
abrigando con brega un buen abrigo
pues bregar como brega un buen labriego
que bregando se pasa como un ciego
y segando la pasa con su amigo.

Al levante levanto mi levante
que está ciego entre sendas lobregueces
sombrías sombras que asombran al instante
cuando asombra la sombra deslumbrante
las pequeñas y grandes brillanteces.

Cuando cuentes el cuento que te encanta
y te quedes de pronto sollozante,
tendrás calma que calme y que te aguanta
en el canto que cantas cuando canta
el cantante cantor que es el cantante.

110 Sin diatribas minúsculas
mayo 27 de 2017

Sin diatribas minúsculas ni críticas
encamino mis tímidos crepúsculos,
son mis días fantásticos, minúsculos
son mis noches frenéticas y míticas.

Son mis diosas acuáticas neríticas,
un acervo de místicos corpúsculos
pueblan hondos océanos mayúsculos
las hay fluidas y líquidas y líticas.

En mis horas nostálgicas voy plácido
con mi vida entre júbilos, agónico
aunque vaya bien trémulo y muy flácido,

si mi muerte es magnífico acto armónico
y se cierna en un químico anti-ácido
que me entierro sea clásico y lacónico

TERCERA PARTE

POEMAS

MÍSTICOS

111 El Cristo de cobre
febrero 12 de 2017

Esa cruz que de un clavo está colgada
en la vieja pared de mi aposento,
con su brillo cobrizo está opacada,
se ve vieja, mugrienta y acabada,
tiene el óxido propio en incremento.

Nadie, un céntimo suelta, ni un talento
por aquel artilugio de museo,
ha perdido el valor a paso lento
pues el cobre se oxida con el viento
y lo vuelve, por tanto, un Cristo feo.

Algo extraño, en la cruz, oscuro veo:
una sombra debajo de un letrero,
y quitándole el moho me recreo,
este Cristo ¡por Dios! es un trofeo
que encontrara en el propio basurero.

Pasó un hombre, una vez, un limosnero
cachivaches llevando en su carreta,
ese Cristo de cobre yo lo quiero,
se lo compro señor, toma el dinero…
y un billete saqué de mi carpeta.

Este lindo joyel vender se objeta
me responde el señor con voz medrosa,
toma y guarda la cruz, en tu maleta,
con la cinta que encuentras se completa
"el milagro perfecto de la rosa".

Observando aquel Cristo vi borrosa
en momento feliz que a él consagro,
de Jesús esa imagen milagrosa
que entre rosas se alzaba misteriosa
¡Es un gran monumento hecho al milagro!

112 Llevo un Cristo
febrero 16 de 2017

Tengo un Cristo en el cuello de oro puro
son dieciocho quilates nada más,
con el Cristo me siento más seguro
con el Cristo me labro mi futuro
con el Cristo yo reto a Satanás.

No pregunten amigos cuánto cuesta,
pues el precio no cuenta en su valor,
es un Cristo macizo que se presta
para ser exhibido en una fiesta
es un Cristo que brilla por amor.

Llevo un Cristo en el pecho, de rutina,
de aluminio, tal vez sea de latón,
una daga atajó de punta fina
en un acto violento que culmina
evitando dañarme el corazón.

Llevo un Cristo en el alma hecho pedazos
es un Cristo que está sin condición,
lo llevaba en el cuello y a zarpazos
se llevaron la joya, pero en brazos
de su imagen cambió mi posición.

113 Sin corona ni clavos
febrero 17 de 2017

Llevo el cuerpo de Cristo en mi equipaje
y una cruz de madera sin pulir,
un pedazo de lienzo, su ropaje,
su corona de espinas no la traje
con sus tunas lo puedo más herir.

Me preguntan a dónde me dirijo
con un Cristo, y un lienzo y una cruz,
voy a armar esta vez un crucifijo
sin corona ni clavos, yo lo fijo
a su viejo madero con su luz.

Y poniendo aquel cuerpo en el madero
sin corona ni clavos ni pendón,
con un rayo de luz soldé el piecero,
con mi fuego de amor fundí al bracero,
esos brazos abiertos al perdón.

Quise hacer un milagro con el lienzo,
colocarlo en su rostro y ver después,
pero un frío en su cuerpo muy intenso
azotaba a aquel Cristo en modo inmenso,
con el lienzo cubrí su desnudez.

114 El faro celestial
febrero 21 de 2017

Va Jesús por la calle polvorienta
con la frente marchita por el sol,
una nube, en el cielo, turbulenta
su mirada serena la sustenta
y la vuelve después un arrebol.

Una luz se desprende de aquel cielo,
es un rayo celeste cegador,
un arcángel desciende sobre el suelo
amparado en un blanco y fino velo
y una lámpara entrega al Redentor.

Hago entrega solemne al milagrero
de este sol que del cosmos es la luz,
que conduce al silencio postrimero,
así pruebas sin sombras el sendero
hasta el mismo final hacia la cruz.

Y Jesús no añadió palabra alguna,
fue una venia en silencio la señal,
como un cáliz de luz miró la luna
recibió del arcángel por fortuna
esa luz que es el faro celestial.

115 El Cristo fino
febrero de 2017

Lucí mi fino Cristo en oro puro,
confiado en protección, buena salud
anduve por doquier calmo y seguro,
bendito estaba el Cristo se los juro,
el brillo de la alhaja es su virtud.

Del cuello me colgaba solitario
la gente murmuraba con placer,
que Cristo tan hermoso luce a diario,
seguro es impoluto relicario
la foto guarda allí de su mujer.

Al Cristo le confié por milagrero
que alumbra mi camino con su luz
pasaba un miserable pordiosero
que al fin resultó ser raponero
y el Cristo lo arrancó con todo y cruz.

Hoy luzco un gran recuerdo sobre el cuello
que adorna mi garganta, mi cerviz,
sentir aquí en la nuca su resuello
oír: entrega el Cristo o te degüello
y el sello de esta cruenta cicatriz.

116 Gesto de amor
abril 5 de 20017

Cuando Cristo Jesús subió al calvario
con la cruz en el hombro desollado
una luz en el rostro destrozado
hizo gala de un lumen solitario.

En aquel episodio funerario
donde el muerto está vivo y agotado
va llevando su cáliz rebosado
con su sangre bendita hacia el sagrario.

Mas después de colgar la hostia santa
con tres clavos al rústico madero
que en el Gólgota enhiesto se levanta,

en un grito solemne el milagrero
ante el Padre, en la cruz, su pena canta
en un gesto de amor al mundo entero.

117 Engarzado a la cruz
abril 11 de 2017

En el Gólgota un Cristo se levanta
engarzado a la cruz, sanguinolento;
su corona de espinas sacrosanta
es el sello de rey, angustia tanta
se refleja en su rostro somnoliento.

Ya la muerte pulula a fuego lento
en aquel terrorífico escenario,
pero el frío causado por el viento
lacerando la carne va, un lamento
se les oye a otros dos en el Calvario.

Si eres tú el Salvador y no un falsario
un milagro esta vez es suficiente,
liberarnos, cambiar de itinerario,
dice Gestas que cuelga solitario
a la izquierda del Cristo ya muriente.

A la diestra un tal Dimas mustio siente
que quien se halla en el centro es hombre justo
y le dice sincera y dulcemente
cuando estés en tu reino ten presente
a este ser pecador, malvado, adusto.

La respuesta se dio de muy buen gusto,
en verdad estarás hoy te lo digo
porque aquel que al perdón es bien robusto
con la gracia divina lo degusto
y en la gloria infinita lo bendigo.

Una nube ensombrece, no hay mitigo,
en su faz purpurina hay una lumbre,
se estremece la tierra, el enemigo
cunde en todo rincón sólo es testigo
un suspiro que salta de la cumbre.

118 Los escribas del desierto
abril 14 de 20 17

Por la paz del desierto marcha un hombre
que a la luz de su imperio es un Señor,
ante Poncio Pilatos ni se nombre,
ante el mismo Caifás, que es de renombre
este ser es, a su luz, un pecador.

Le acompaña un cortejo de bandidos,
de ignorantes, de enfermos de dolor,
de leprosos, de ciegos, desvalidos,
de mujeres perdidas, de maridos
alcahuetes, promiscuos, sin pudor.

Reunidos se encuentran en un llano
y aquel hombre predica con fervor,
hay que amarse, el perdón hacia el hermano
ayudar al vecino, al pobre anciano
compartir la alacena con amor.

Pero un grupo de escribas sale al paso,
no entendemos por qué señor Jesús
le acompañan los cerdos al abraso
de este fuego quemante del ocaso
y no aquel transparente a su trasluz.

¿Quién acaso requiere del remedio
el enfermo o quien goza de salud?
¿el que muere de sed, de angustia, tedio,
el anciano, el que sufre de un asedio,
o el que goza de plena juventud?

119 Acompáñame amor
junio 1 de 2017

Acompáñame amor a oír la misa,
en la iglesia del pueblo hay oblación,
por los hombres que aquí llegan de prisa,
acribillan, así, muertos de risa
y la plaza convierten en panteón.

Ellos son la ponzoña que envanece
nuestros pechos henchidos de ilusión,
son aquel lenitivo que parece
mantener apacible al que se mece
en el pueblo sin una convicción.

Con la biblia de almohada en una hamaca
duerme acaso unas horas sin acción,
de una enorme caleta desempaca
una dosis de droga, bien se saca,
un fusil, dinamita, y su ración.

Se persigna con fe, en silencio ora
ruega a Dios que le ayude en su intención
se presenta en la plaza en grupo ahora,
una madre angustiada humilde llora
por el hijo que cae ante el matón.

Es por eso, mujer, que yo te invito
a la iglesia a orar en comunión,
a pedirle al Señor, al Dios bendito
que le otorgue perdón por su delito
y por siempre otra vez la absolución.

120 En plena calle
junio 2 de 2012

Me encontré con Jesús en plena calle
yo pasaba de largo iba de afán,
buenas tardes le dije, donde se halle
yo le pido Señor que no me falle
yo le rezo en las noches, soy su fan.

Agaché la cabeza como un tonto
dar la cara, mirar no fui capaz
a sus ojos serenos, me remonto
a los cielos profundos y de pronto
me despiertan dos rayos en un haz.

En su rostro sereno, ni un reproche
me causó sentimiento sin igual
pero llegan las sombras de la noche,
un anciano me implora bajo el coche
no me falle, señor un hospital.

Una sombra opacó mis ojos lento,
no vi el rostro al anciano, dijo adiós,
escuché que su voz era un lamento,
en la noche su rezo lleva el viento
la mirada hay que alzarla justo a Dios.

121 El Paraíso
junio 3 de 2017

Y preguntan ¿cuán lejos está al suelo
aquel gran Paraíso Terrenal?
un anciano crmitaño sin recelo
elevó su mirada al hondo cielo
y les dio su respuesta más genial:

Una ruta más corta al paraíso
será mucho más larga a la habitual,
si se llega por puente levadizo
que más corto sería y más preciso
no tendría sentido a la final.

Conseguirlo a la postre es importante,
y con mucho tesón es lo ideal,
mas, ganárselo es pues algo elegante,
y poniendo la cara por delante,
después líbranos Dios de todo mal.

Disfrutar paraíso cuesta un poco,
si se paga bien pago eso es normal,
pues pasar por el Gólgota es de un loco
de un gran ser sacrificio fue su foco
fue la cruz esa cuota sin igual.

122 Un cántaro soy
junio 3 de 2017

El peso de un madero sobre el hombro
percibo en este mundo que fenece,
me causa cruel dolor, angustia, asombro,
entonces, con fervor a Cristo nombro
y el peso de la cruz desaparece.

No obstante, en el ocaso languidece
el brillo de la luz que en la montaña
despacio se acomoda, desvanece
la lumbre del paisaje, que oscurece,
llevándose la luz allá en su entraña.

No yerra, nunca yerra esa es la hazaña
fue Cristo quien legó, desde el Calvario
el ojo bien abierto te acompaña,
no llores, la mirada se te empaña
y tienes que cambiar de itinerario.

Acá ven caro amigo solitario
la sombra soy que alberga al caminante,
de eterno manantial soy el acuario
que siempre al sitibundo surte a diario,
un cántaro soy, de agua rebosante.

123 Idea horrible y fea
junio 3 de 2017

Fui por agua al aljibe de la aldea
nada más ocurrió en aquel acaso,
llené el ánfora de agua y una idea
se cruzó por mi mente horrible y fea
este líquido es caro, puro, escaso.

De aquí bebe sediento el indio raso,
el ladrón de la paz, el asesino,
el guerrillo, el matón, el gallinazo;
también bebe la dama en embarazo
el anciano, la abuela, el peregrino.

En cianuro pensé, y en el destino
que la horrenda intención produciría
y de pronto un arcángel intervino,
se posó sobre el borde cristalino
despertando en mi ser sabiduría.

La intención y el hacer en una vía,
en momento crucial y prohibido,
es el mismo pecado se leía
en los ojos profundos de aquel guía
que bajó de los cielos conmovido.

124 Acto de amor
junio 3 de 2017

Una cruz lleva al hombro el Galileo,
condenado a morir estaba en ella,
por la cuesta cargar la cruz aquella
a la cumbre le toca al mismo reo.

y después de cargarla, su deseo,
por la cuesta empedrada, solitario,
fue ofrecer a su padre, cual trofeo,
ese gran sacrificio del Calvario,

Y se cumple el proceso funerario
en la cumbre del Gólgota sangriento,
deberá completar su itinerario
al azote de un frío y recio viento.

Y colgado del áspero madero
que sirvió de sostén al cuerpo vivo,
la mirada clavó aquel milagrero
en el hondo confín, enhiesto, altivo.

125 Una sombra escondida
junio 4 de 2017

En mis múltiples ires y venires,
en momentos de física alegría
una sombra escondida, oculta, fría
me parece que altera mis sentires.

Si percibes la sombra, no me mires
ni en la aurora, en la tarde ni en el día,
si en la noche te acercas alma mía
compartimos, ahí sí, los devenires.

Entre sombras amada nos veremos,
a la luz de las sombras me embeleso,
pues en sombras eternas dormiremos,

y mañana ante Dios será el regreso,
entre luces al fin despertaremos,
a la luz del lucero lo confieso.

126 Humildad y arrogancia
junio 4 de 2017

Es de humildes vivir libre el momento
colocando de frente el corazón,
de arrogantes, el mero sentimiento
ocultarlo no más es un tormento,
es por eso que pesa la intención.

Me parece sentirla, aunque forzosa
en los ojos se mira, así, no más,
el humilde muy simple ve la cosa
el soberbio se esconde tras la rosa
con la espina que oculta su antifaz.

En el alma sin cieno se halla el gozo,
aquí sólo se vive la verdad,
cuando en ella se observa algún esbozo
de malicia o de duda o belicoso
es de humanos la sucia falsedad.

127 A la alberca
junio 4 de 2017

A la alberca, por agua fresca sube
infeliz aldeano sitibundo,
y tras él, mientras vaga por el mundo
siempre cubre con sombra alguna nube.

En silencio y hollando siempre estuve
navegando en su mar amplio y profundo,
en hurgar sus ideas fui fecundo,
de escucharlo después, hacer no hube.

Me quedé sorprendido de repente
al mirarlo de pie sobre el aljibe
me plasmó su mirada dulcemente,

desde el fondo su cántaro recibe,
es su rostro una luz resplandeciente
en el fondo del agua se percibe.

128 La senda de abrojos
junio 4 de 2017

En las playas del mar de Galilea
se levantan enhiestas las palmeras,
en su sombra resguardan sus quimeras
unos hombres que vienen de la aldea.

Una tienda, levantan, que sombrea
plenamente el lugar de mil maneras,
y de pronto alguien dio gracias sinceras
al maestro del grupo que campea.

Nos has dado a beber de tu doctrina,
nos conduces, Señor a tu destino,
nos das agua sagrada y cristalina…

Para guía hacia el Padre al peregrino,
enseñarles a orar los encamina
por la senda de abrojos del rabino.

129 Postrado de hinojos
junio 4 de 2017

Y una voz se escuchó en el auditorio
con acento sereno, voz de amigo
en verdad, en verdad hoy yo les digo
que enseñarles a orar voy con jolgorio.

Hay que orar con el alma, es promisorio
implorar ante el cielo su mitigo,
perdonar sin rencor al enemigo
no es un juego de hermanos transitorio.

El ponerse de hinojos es un acto
que a la simple oración le pone altura
y le da a la oblación algún impacto.

Y postrados de hinojos con cordura
empezó el Buen Jesús en punto exacto
con un tono solemne y con dulzura:

130 Padre Nuestro

Padre Nuestro que te hallas en el cielo
sea tu nombre, Señor, santificado
que nos venga tu reino ya anunciado,
tu intención que se cumpla en este suelo.

Que ni el agua ni el pan nos falte, anhelo…
Perdonadnos el mal que hemos causado,
no nos dejes caer en el pecado,
si del mal nos proteges ¡Qué consuelo!

Como ofrenda, Señor, yo te prometo
darle al prójimo amor, igual respeto
y ayudarle a encontrar su propia luz,

no esperar de un favor ninguna paga,
otorgar el perdón a quien nos haga
nuestro cuerpo pender en una cruz.

www.ingramcontent.com/pod-product-compliance
Lightning Source LLC
Chambersburg PA
CBHW021234090426
42740CB00006B/520